São Judas Tadeu

História e novena

Maria Belém

São Judas Tadeu
História e novena

Paulinas

Citações bíblicas: Bíblia Sagrada – tradução da CNBB, 2ª ed., 2002

Editora responsável: Celina Weschenfelder
Equipe editorial

5ª edição – 2011
7ª reimpressão – 2025

Nenhuma parte desta obra poderá ser reproduzida ou transmitida por qualquer forma e/ou quaisquer meios (eletrônico ou mecânico, incluindo fotocópia e gravação) ou arquivada em qualquer sistema ou banco de dados sem permissão escrita da Editora. Direitos reservados.

Cadastre-se e receba nossas informações
paulinas.com.br
Telemarketing e SAC: 0800-7010081

Paulinas
Rua Dona Inácia Uchoa, 62
04110-020 – São Paulo – SP (Brasil)
📞 (11) 2125-3500
✉ editora@paulinas.com.br
© Pia Sociedade Filhas de São Paulo – São Paulo, 2003

Introdução

São Judas Tadeu fazia parte da família de Jesus: seu pai era irmão de São José e sua mãe, parente próxima de Maria Santíssima.

A vida de São Judas Tadeu estava ligada à dos demais apóstolos que seguiram Jesus. Ele, com os doze apóstolos, participou da vida pública de Jesus, presenciou os milagres do Mestre e testemunhou a morte, a ressurreição e a ascensão do Senhor.

Em três evangelhos foi sempre citado entre os doze apóstolos (Mt 10,4; Mc 3,18; Lc 6,16). No evangelho de João, ele fez uma importante pergunta a Jesus: "Judas (não o Iscariotes) perguntou-lhe: 'Senhor, como se explica que tu te manifestarás a nós e não ao mundo?'. Jesus respondeu-lhe: 'Se alguém me ama, guardará a minha palavra; meu Pai o amará, e nós viremos e faremos nele a nossa morada'" (Jo 14,22-23).

Além de anunciar a mensagem do Evangelho, São Judas Tadeu a testemunhou com a vida, convertendo muitos pagãos à fé em Jesus e provocando também o ódio daqueles que não queriam aceitar a vivência cristã.

São Judas Tadeu atrai milhares de devotos, pois é o santo dos casos desesperados. Esses devotos não só acreditam nas virtudes do santo, procurando imitá-lo no seguimento de Jesus Cristo, mas também recorrem a ele com fé para o alívio de suas dores, para conseguir emprego, para a cura de doenças e ainda para agradecer os favores recebidos.

No dia 28 de cada mês, uma multidão de pessoas acorre a São Judas Tadeu, e o santo recebe todos com o mesmo olhar compassivo e misericordioso de Jesus.

PRIMEIRO DIA

A família de São Judas Tadeu

Em nome do Pai, do Filho e do Espírito Santo. Amém.

São Judas Tadeu nasceu em Caná, na Galileia. Seu pai foi Alfeu, também chamado Cléofas, irmão de São José. A mãe de São Judas, Maria de Cléofas, era parente muito próxima de Maria Santíssima, conforme lemos no evangelho de João (19,25), e era uma das mulheres que acompanharam Jesus durante sua vida pública, não o abandonando nem no Calvário (Jo 19,25). São Judas Tadeu tinha como irmãos o apóstolo Tiago Menor, primeiro bispo de Jerusalém, Simão, segundo bispo de Jerusalém, José, o Justo, e uma irmã, Maria Salomé, esposa de Zebedeu e mãe dos apóstolos João Evangelista e Tiago Maior.

Reflexão

A família de São Judas Tadeu foi abençoada e privilegiada por Deus. Era uma família laboriosa. Nela reinavam a união entre seus membros, a paz, a harmonia e o amor a Jesus.

Recado de São Judas Tadeu

"Judas, servo de Jesus Cristo e irmão de Tiago, aos eleitos bem-amados em Deus Pai e guardados para Jesus Cristo: a vós, misericórdia, paz e amor em abundância!" (Jd 1,1-2).

Oração

São Judas Tadeu, apóstolo escolhido por Cristo, eu vos saúdo e louvo pela fidelidade e amor com que cumpristes vossa missão. Chamado e enviado por Jesus, sois uma das doze colunas que sustentam a Igreja fundada por Cristo. Inúmeras pessoas, imitando vosso exemplo e auxiliadas por vossa oração, encontram o caminho para o Pai, abrem o coração aos irmãos e descobrem forças para vencer o pecado e superar todo o mal.

Quero imitar-vos, comprometendo-me com Cristo e com a Igreja, por um decidido amor a Deus e ao próximo, especialmente ao mais pobre. Espero, então, alcançar de Deus a graça que imploro, confiando na vossa poderosa intercessão (*fazer o pedido*). Amém.

Pai-Nosso, Ave-Maria e Glória-ao-Pai...
São Judas Tadeu, rogai por nós.

A bênção de Deus por intercessão de São Judas Tadeu

Que o Senhor Jesus esteja convosco para vos proteger: à vossa frente para vos conduzir, acima de vós para vos iluminar, atrás de vós para vos guardar, ao vosso lado para vos acompanhar. Que a bênção do Pai, o amor do Filho, a força do Espírito Santo, a maternal proteção de Nossa Senhora e a intercessão de São Judas Tadeu estejam convosco em toda parte e para sempre. Amém!

SEGUNDO DIA

Vocação de São Judas Tadeu

Em nome do Pai, do Filho e do Espírito Santo. Amém.

Não sabemos onde, quando ou de que modo São Judas Tadeu entrou para o grupo dos discípulos de Jesus. O certo é que ele foi um dos doze apóstolos, como lemos em três evangelhos: "Ao amanhecer, chamou os discípulos e escolheu doze entre eles, aos quais deu o nome de apóstolos: Simão, a quem chamou Pedro, e seu irmão André; Tiago e João; Filipe e Bartolomeu; Mateus e Tomé; Tiago, filho de Alfeu, e Simão, chamado zelote; Judas, filho de Tiago, e Judas Iscariotes, que se tornou o traidor" (Lc 6,13-16; cf. Mt 10,1-4; Mc 3,13-19).

Podemos afirmar assim que ele foi chamado e escolhido por Jesus.

Reflexão

Jesus escolhe os discípulos que seriam seus continuadores na obra de evangelização. Ele os procura entre os pobres, pessoas do povo e pescadores.

Recado de São Judas Tadeu

"Caríssimos, enquanto eu estava todo empenhado em escrever-vos a respeito de nossa comum salvação, senti a necessidade de mandar-vos uma exortação a fim de lutardes pela fé, que, uma vez para sempre, foi transmitida aos santos" (Jd 1,3).

Oração

São Judas Tadeu, apóstolo escolhido por Cristo, eu vos saúdo e louvo pela fidelidade e amor com que cumpristes vossa missão. Chamado e enviado por Jesus, sois uma das doze colunas que sustentam a Igreja fundada por Cristo. Inúmeras pessoas, imitando vosso exemplo e auxiliadas por vossa oração, encontram o caminho para o Pai, abrem o coração aos irmãos e descobrem forças para vencer o pecado e superar todo o mal.

Quero imitar-vos, comprometendo-me com Cristo e com a Igreja, por um decidido amor a Deus e ao próximo, especialmente ao mais pobre. Espero, então, alcançar de Deus a graça que imploro, confiando na vossa poderosa intercessão (*fazer o pedido*). Amém.

Pai-Nosso, Ave-Maria e Glória-ao-Pai...
São Judas Tadeu, rogai por nós.

A bênção de Deus por intercessão de São Judas Tadeu

Que o Senhor Jesus esteja convosco para vos proteger: à vossa frente para vos conduzir, acima de vós para vos iluminar, atrás de vós para vos guardar, ao vosso lado para vos acompanhar. Que a bênção do Pai, o amor do Filho, a força do Espírito Santo, a maternal proteção de Nossa Senhora e a intercessão de São Judas Tadeu estejam convosco em toda parte e para sempre. Amém!

TERCEIRO DIA

Irmãos de Jesus

Em nome do Pai, do Filho e do Espírito Santo. Amém.

Algumas passagens do Novo Testamento falam de "irmãos de Jesus". Em duas delas está citado o nome de São Judas Tadeu: "De onde lhe vêm essa sabedoria e esses milagres? Não é ele o filho do carpinteiro? Sua mãe não se chama Maria, e seus irmãos não são Tiago, José, Simão e Judas?" (Mt 13,54-55; cf. Mc 6,2-3).

Na Bíblia, muitas vezes são chamados de "irmãos" os parentes próximos, como primos e sobrinhos. Este é o caso de São Judas Tadeu, que era primo-irmão de Jesus.

Reflexão

O pai de São Judas Tadeu era irmão de São José, portanto cunhado de Maria, e sua esposa, Maria de Cléofas, provavelmente era prima da Virgem Santíssima. Famílias que souberam permanecer unidas na fé do Ressuscitado.

Recado de São Judas Tadeu

"É que se insinuaram certas pessoas, das quais desde há muito estava escrito o seguinte juízo: ímpios que abusam da graça do nosso Deus... e negam o nosso único soberano e Senhor, Jesus Cristo" (Jd 1,4).

Oração

São Judas Tadeu, apóstolo escolhido por Cristo, eu vos saúdo e louvo pela fidelidade e amor com que cumpristes vossa missão. Chamado e enviado por Jesus, sois uma das doze colunas que sustentam

a Igreja fundada por Cristo. Inúmeras pessoas, imitando vosso exemplo e auxiliadas por vossa oração, encontram o caminho para o Pai, abrem o coração aos irmãos e descobrem forças para vencer o pecado e superar todo o mal.

Quero imitar-vos, comprometendo-me com Cristo e com a Igreja, por um decidido amor a Deus e ao próximo, especialmente ao mais pobre. Espero, então, alcançar de Deus a graça que imploro, confiando na vossa poderosa intercessão (*fazer o pedido*). Amém.

Pai-Nosso, Ave-Maria e Glória-ao-Pai...
São Judas Tadeu, rogai por nós.

A bênção de Deus por intercessão de São Judas Tadeu

Que o Senhor Jesus esteja convosco para vos proteger: à vossa frente para vos conduzir, acima de vós para vos iluminar,

atrás de vós para vos guardar, ao vosso lado para vos acompanhar. Que a bênção do Pai, o amor do Filho, a força do Espírito Santo, a maternal proteção de Nossa Senhora e a intercessão de São Judas Tadeu estejam convosco em toda parte e para sempre. Amém!

QUARTO DIA

São Judas Tadeu missionário

Em nome do Pai, do Filho e do Espírito Santo. Amém.

Conforme um historiador grego, São Judas Tadeu anunciou o Evangelho inicialmente na Judeia, na Samaria e na Idumeia, lançando-se mais tarde a outras frentes de missão, como Mesopotâmia, Síria, Armênia e Pérsia. Além de anunciar o nome de Jesus, por meio da oração ele realizava milagres para beneficiar os doentes e necessitados. O segredo de seu sucesso na missão era uma fervorosa vida espiritual e sua humildade.

Reflexão

Como os apóstolos, todo cristão tem uma missão a realizar, isto é, a de anunciar e comunicar o Evangelho de Jesus e servir os semelhantes, principalmente os mais pobres, como fez Jesus e os apóstolos.

Recado de São Judas Tadeu

"Vós, caríssimos, lembrai-vos das palavras preditas pelos apóstolos de nosso Senhor Jesus Cristo, que vos diziam: 'Nos últimos tempos aparecerão zombadores... São vulgares e não têm o Espírito'" (Jd 1,17-19).

Oração

São Judas Tadeu, apóstolo escolhido por Cristo, eu vos saúdo e louvo pela fidelidade e amor com que cumpristes vossa missão. Chamado e enviado por Jesus, sois uma das doze colunas que sustentam

a Igreja fundada por Cristo. Inúmeras pessoas, imitando vosso exemplo e auxiliadas por vossa oração, encontram o caminho para o Pai, abrem o coração aos irmãos e descobrem forças para vencer o pecado e superar todo o mal.

Quero imitar-vos, comprometendo-me com Cristo e com a Igreja, por um decidido amor a Deus e ao próximo, especialmente ao mais pobre. Espero, então, alcançar de Deus a graça que imploro, confiando na vossa poderosa intercessão (*fazer o pedido*). Amém.

Pai-Nosso, Ave-Maria e Glória-ao-Pai... São Judas Tadeu, rogai por nós.

A bênção de Deus por intercessão de São Judas Tadeu

Que o Senhor Jesus esteja convosco para vos proteger: à vossa frente para vos conduzir, acima de vós para vos iluminar,

atrás de vós para vos guardar, ao vosso lado para vos acompanhar. Que a bênção do Pai, o amor do Filho, a força do Espírito Santo, a maternal proteção de Nossa Senhora e a intercessão de São Judas Tadeu estejam convosco em toda parte e para sempre. Amém!

QUINTO DIA

Apóstolo e coluna da Igreja

Em nome do Pai, do Filho e do Espírito Santo. Amém.

São Judas Tadeu foi escolhido por Jesus para fazer parte do grupo dos doze apóstolos que constituem as colunas da Igreja e que têm como missão: anunciar Jesus: "Anunciai a Boa-Nova a toda criatura!" (Mc 16,15); iluminar o mundo: "Vós sois a luz do mundo" (Mt 5,14); reconciliar as pessoas com Deus: "A quem perdoardes os pecados, serão perdoados" (Jo 20,23); e falar pelo Espírito Santo: "Não sereis vós que falareis, mas o Espírito de vosso Pai falará em vós" (Mt 10,20).

Reflexão

Os apóstolos são a base sólida da Igreja; contudo, todo cristão é chamado a ser luz para ajudar o próximo e a se deixar guiar pelo Espírito Santo, que é o inspirador e o consolador de todos.

Recado de São Judas Tadeu

"Vós, caríssimos, edificai-vos sobre o fundamento da vossa santíssima fé e orai no Espírito Santo" (Jd 1,20).

Oração

São Judas Tadeu, apóstolo escolhido por Cristo, eu vos saúdo e louvo pela fidelidade e amor com que cumpristes vossa missão. Chamado e enviado por Jesus, sois uma das doze colunas que sustentam a Igreja fundada por Cristo. Inúmeras pessoas, imitando vosso exemplo e auxiliadas por vossa oração, encontram o caminho para o Pai, abrem o coração aos irmãos e descobrem forças para vencer o pecado e superar todo o mal.

Quero imitar-vos, comprometendo-me com Cristo e com a Igreja, por um decidido amor a Deus e ao próximo, especialmente ao mais pobre. Espero, então, alcançar de Deus a graça que imploro, confiando na vossa poderosa intercessão (*fazer o pedido*). Amém.

Pai-Nosso, Ave-Maria e Glória-ao-Pai...
São Judas Tadeu, rogai por nós.

A bênção de Deus por intercessão de São Judas Tadeu

Que o Senhor Jesus esteja convosco para vos proteger: à vossa frente para vos conduzir, acima de vós para vos iluminar, atrás de vós para vos guardar, ao vosso lado para vos acompanhar. Que a bênção do Pai, o amor do Filho, a força do Espírito

Santo, a maternal proteção de Nossa Senhora e a intercessão de São Judas Tadeu estejam convosco em toda parte e para sempre. Amém!

SEXTO DIA

A carta de São Judas Tadeu

Em nome do Pai, do Filho e do Espírito Santo. Amém.

É atribuído a São Judas Tadeu um dos livros da Bíblia, pequeno em extensão, mas grande no valor e na atualidade.

O forte zelo missionário levou o santo a fazer severas críticas aos erros que se infiltravam entre os cristãos; no entanto ele deixa transparecer também seu coração de pastor repleto de misericórdia, paz e alegria. São Judas Tadeu dirige sua carta a todos os cristãos, convidando-os a se manterem firmes na fé.

Reflexão

Os devotos encontrarão na carta de São Judas Tadeu grandes ensinamentos e força para prosseguirem firmes na caminhada de fé e de amor a Deus. A carta é o penúltimo livro da Bíblia.

Recado de São Judas Tadeu

"Vós, caríssimos, edificai-vos sobre o fundamento da vossa santíssima fé e orai, no Espírito Santo, de modo que vos mantenhais no amor de Deus, esperando a misericórdia de nosso Senhor Jesus Cristo, para a vida eterna" (Jd 1,20-21).

Oração

São Judas Tadeu, apóstolo escolhido por Cristo, eu vos saúdo e louvo pela fidelidade e amor com que cumpristes vossa missão. Chamado e enviado por Jesus, sois uma das doze colunas que sustentam

a Igreja fundada por Cristo. Inúmeras pessoas, imitando vosso exemplo e auxiliadas por vossa oração, encontram o caminho para o Pai, abrem o coração aos irmãos e descobrem forças para vencer o pecado e superar todo o mal.

Quero imitar-vos, comprometendo-me com Cristo e com a Igreja, por um decidido amor a Deus e ao próximo, especialmente ao mais pobre. Espero, então, alcançar de Deus a graça que imploro, confiando na vossa poderosa intercessão (*fazer o pedido*). Amém.

Pai-Nosso, Ave-Maria e Glória-ao-Pai...
São Judas Tadeu, rogai por nós.

A bênção de Deus por intercessão de São Judas Tadeu

Que o Senhor Jesus esteja convosco para vos proteger: à vossa frente para vos conduzir, acima de vós para vos iluminar,

atrás de vós para vos guardar, ao vosso lado para vos acompanhar. Que a bênção do Pai, o amor do Filho, a força do Espírito Santo, a maternal proteção de Nossa Senhora e a intercessão de São Judas Tadeu estejam convosco em toda parte e para sempre. Amém!

SÉTIMO DIA

Imagens de São Judas Tadeu

Em nome do Pai, do Filho e do Espírito Santo. Amém.

Só no século XIII apareceram, na basílica de São Marcos, em Veneza (Itália), as primeiras imagens de São Judas Tadeu gravadas em mosaico. Já no século XV, na Polônia, tem-se a imagem do santo segurando em uma das mãos a "machadinha" e na outra, o livro do Evangelho. Esta iconografia e também a devoção a São Judas chegaram ao Brasil com os padres poloneses que emigraram para o Sul, estendendo-se, em seguida, a devoção por todo o país.

Reflexão

A imagem de São Judas Tadeu é muito querida aos seus devotos, contudo ela não é o santo, apenas uma representação dele. É só um instrumento de lembrança e de devoção ao santo que está intercedendo por nós junto de Deus.

Recado de São Judas Tadeu

"E aos que estão com dúvidas, tratai com misericórdia. A certos outros, deveis salvá-los... De outros ainda deveis compadecer-vos..." (Jd 1,22-23).

Oração

São Judas Tadeu, apóstolo escolhido por Cristo, eu vos saúdo e louvo pela fidelidade e amor com que cumpristes vossa missão. Chamado e enviado por Jesus, sois uma das doze colunas que sustentam a Igreja fundada por Cristo. Inúmeras pessoas, imitando vosso exemplo e auxiliadas por vossa oração, encontram o caminho para o Pai, abrem o coração aos irmãos e descobrem forças para vencer o pecado e superar todo o mal.

Quero imitar-vos, comprometendo-me com Cristo e com a Igreja, por um decidido amor a Deus e ao próximo, especialmente ao mais pobre. Espero, então, alcançar de Deus a graça que imploro, confiando na vossa poderosa intercessão (*fazer o pedido*). Amém.

Pai-Nosso, Ave-Maria e Glória-ao-Pai... São Judas Tadeu, rogai por nós.

A bênção de Deus por intercessão de São Judas Tadeu

Que o Senhor Jesus esteja convosco para vos proteger: à vossa frente para vos conduzir, acima de vós para vos iluminar, atrás de vós para vos guardar, ao vosso lado para vos acompanhar. Que a bênção do Pai, o amor do Filho, a força do Espírito Santo, a maternal proteção de Nossa Senhora e a intercessão de São Judas Tadeu estejam convosco em toda parte e para sempre. Amém!

OITAVO DIA

Morte e martírio de São Judas Tadeu

Em nome do Pai, do Filho e do Espírito Santo. Amém.

Segundo a tradição dos mártires, São Judas Tadeu surge entre os primeiros e certamente foi martirizado com São Simão, também apóstolo. Há dúvidas e divergências quanto à modalidade e ao local de seu martírio. A data de sua morte deve ser situada entre os anos 69 e 81 d.C.

Conta-se que eles foram trucidados por pregarem a crença num só Deus e desprezarem os ídolos. Os restos mortais do santo encontram-se em Roma, na basílica do Vaticano. A Igreja comemora a festa de São Judas Tadeu no dia 28 de outubro, data provável de seu martírio.

Reflexão

"Ninguém tem amor maior do que aquele que dá a vida por seus amigos", disse Jesus (Jo 15,13). São Judas Tadeu é mártir porque deu a vida como testemunho máximo de sua adesão total a Jesus Cristo – testemunho de fé a que somos também convidados constantemente.

Recado de São Judas Tadeu

"Àquele que é capaz de guardar-vos sem pecado e de apresentar-vos irrepreensíveis e jubilosos perante a sua glória, ao Deus único... glória, majestade... por todos os séculos" (Jd 1,24-25).

Oração

São Judas Tadeu, apóstolo escolhido por Cristo, eu vos saúdo e louvo pela fidelidade e amor com que cumpristes vossa missão. Chamado e enviado por Jesus, sois uma das doze colunas que sustentam a Igreja fundada por Cristo. Inúmeras pessoas, imitando vosso exemplo e auxiliadas por vossa oração, encontram o caminho para o Pai, abrem o coração aos irmãos e descobrem forças para vencer o pecado e superar todo o mal.

Quero imitar-vos, comprometendo-me com Cristo e com a Igreja, por um decidido amor a Deus e ao próximo, especialmente ao mais pobre. Espero, então, alcançar de Deus a graça que imploro, confiando na vossa poderosa intercessão (*fazer o pedido*). Amém.

Pai-Nosso, Ave-Maria e Glória-ao-Pai...
São Judas Tadeu, rogai por nós.

A bênção de Deus por intercessão de São Judas Tadeu

Que o Senhor Jesus esteja convosco para vos proteger: à vossa frente para vos conduzir, acima de vós para vos iluminar, atrás de vós para vos guardar, ao vosso lado para vos acompanhar. Que a bênção do Pai, o amor do Filho, a força do Espírito Santo, a maternal proteção de Nossa Senhora e a intercessão de São Judas Tadeu estejam convosco em toda parte e para sempre. Amém!

NONO DIA

Devoção a São Judas Tadeu

Em nome do Pai, do Filho e do Espírito Santo. Amém.

No Oriente, desde os primórdios da Igreja, foi muito grande a devoção a São Judas Tadeu. No Ocidente, ela só chegou mais tarde. Na Idade Média se destacaram, entre os devotos do santo: São Bernardo (1153), Santa Gertrudes (1303) e Santa Brígida (1373).

Na Europa, são incontáveis as igrejas e capelas consagradas a São Judas Tadeu. No Brasil, também são inúmeras as igrejas, capelas e até santuários em que São Judas Tadeu é o padroeiro.

Ele é considerado o santo dos casos desesperados. Quando todas as esperanças estão perdidas é a ele que se deve recorrer.

Reflexão

Rezar a Deus por meio dos santos é uma prática salutar, pois eles são valiosos intercessores. No entanto, a fé nos faz esperar na misericórdia de Deus, que sempre concede o que é melhor para nós, quando o invocamos com sinceridade de coração.

Recado de São Judas Tadeu

"Ao Deus único, que nos salva por meio de Jesus Cristo, nosso Senhor: glória, majestade, domínio e poder, desde antes de todos os séculos, e agora e por todos os séculos. Amém" (Jd 1,25).

Oração

São Judas Tadeu, apóstolo escolhido por Cristo, eu vos saúdo e louvo pela fidelidade e amor com que cumpristes vossa missão. Chamado e enviado por Jesus, sois uma das doze colunas que sustentam a Igreja fundada por Cristo. Inúmeras pessoas, imitando vosso exemplo e auxiliadas por vossa oração, encontram o caminho para o Pai, abrem o coração aos irmãos e descobrem forças para vencer o pecado e superar todo o mal.

Quero imitar-vos, comprometendo-me com Cristo e com a Igreja, por um decidido amor a Deus e ao próximo, especialmente ao mais pobre. Espero, então, alcançar de Deus a graça que imploro, confiando na vossa poderosa intercessão (*fazer o pedido*). Amém.

Pai-Nosso, Ave-Maria e Glória-ao-Pai... São Judas Tadeu, rogai por nós.

A bênção de Deus por intercessão de São Judas Tadeu

Que o Senhor Jesus esteja convosco para vos proteger: à vossa frente para vos conduzir, acima de vós para vos iluminar, atrás de vós para vos guardar, ao vosso lado para vos acompanhar. Que a bênção do Pai, o amor do Filho, a força do Espírito Santo, a maternal proteção de Nossa Senhora e a intercessão de São Judas Tadeu estejam convosco em toda parte e para sempre. Amém!

Canto

São Judas Tadeu
(Kau Batalha – CD 11782-0 – Paulinas/COMEP)

São Judas Tadeu, novamente aqui estou eu
Nessa hora de aflição e necessidade
São Judas Tadeu, novamente aqui estou eu
Abrindo meu coração, te pedindo piedade

Tantas vezes eu errei e na escuridão vaguei
Procurando por uma saída pro meu desespero
Mas na bruma te avistei e cansado supliquei
Me ajuda a encontrar o caminho da paz
Me ampare, Senhor, não me deixes jamais

São Judas Tadeu, novamente aqui estou eu
Nessa hora de aflição e necessidade
São Judas Tadeu, novamente aqui estou eu
Abrindo meu coração, te pedindo piedade

Ó meu santo protetor, eu prometo em teu louvor
Sempre honrar o teu nome, ó meu poderoso patrono
Grande amigo de Jesus me dirige, me conduz
Pra que eu possa alcançar essa graça, o favor
Intercede por mim junto ao Nosso Senhor

São Judas Tadeu, novamente aqui estou eu
Nessa hora de aflição e necessidade
São Judas Tadeu, novamente aqui estou eu
Abrindo meu coração, te pedindo piedade
(bis)

NOSSAS DEVOÇÕES
(Origem das novenas)

De onde vem a prática católica das novenas? Entre outras, podemos dar duas respostas: uma histórica, outra alegórica.

Historicamente, na Bíblia, no início do livro dos Atos dos Apóstolos, lê-se que, passados quarenta dias de sua morte na Cruz e de sua ressurreição, Jesus subiu aos céus, prometendo aos discípulos que enviaria o Espírito Santo, que lhes foi comunicado no dia de Pentecostes.

Entre a ascensão de Jesus ao céu e a descida do Espírito Santo, passaram-se nove dias. A comunidade cristã ficou reunida em torno de Maria, de algumas mulheres e dos apóstolos. Foi a primeira novena cristã. Hoje, ainda a repetimos todos os anos, orando, de modo especial, pela unidade dos cristãos. É o padrão de todas as outras novenas.

A novena é uma série de nove dias seguidos em que louvamos a Deus por suas maravilhas, em particular, pelos santos, por cuja intercessão nos são distribuídos tantos dons.

Alegoricamente, a novena é antes de tudo um ato de louvor ao Pai, ao Filho e ao Espírito Santo, Deus três vezes Santo. Três é número perfeito. Três vezes três, nove. A novena é louvor perfeito à Trindade. A prática de nove dias de oração, louvor e súplica confirma de maneira extraordinária nossa fé em Deus que nos salva, por intermédio de Jesus, de Maria e dos santos.

O Concílio Vaticano II afirma: "Assim como a comunhão cristã entre os que caminham na terra nos aproxima mais de Cristo, também o convívio com os santos nos une a Cristo, fonte e cabeça de que provêm todas as graças e a própria vida do povo de Deus" (*Lumen Gentium*, 50).

Nossas Devoções procura alimentar o convívio com Jesus, Maria e os santos, para nos tornarmos cada dia mais próximos de Cristo, que nos enriquece com os dons do Espírito e com todas as graças de que necessitamos.

Francisco Catão

Coleção Nossas Devoções

- *Dulce dos Pobres: novena e biografia* – Marina Mendonça
- *Francisco de Paula Victor: história e novena* – Aparecida Matilde Alves
- *Frei Galvão: novena e história* – Pe. Paulo Saraiva
- *Imaculada Conceição* – Francisco Catão
- *Jesus, Senhor da vida: dezoito orações de cura* – Francisco Catão
- *João Paulo II: novena, história e orações* – Aparecida Matilde Alves
- *João XXIII: biografia e novena* – Marina Mendonça
- *Maria, Mãe de Jesus e Mãe da Humanidade: novena e coroação de Nossa Senhora* – Aparecida Matilde Alves
- *Menino Jesus de Praga: história e novena* – Giovanni Marques Santos
- *Nhá Chica: Bem-aventurada Francisca de Paula de Jesus* – Aparecida Matilde Alves
- *Nossa Senhora Aparecida: história e novena* – Maria Belém
- *Nossa Senhora da Cabeça: história e novena* – Mario Basacchi
- *Nossa Senhora da Luz: novena e história* – Maria Belém
- *Nossa Senhora da Penha: novena e história* – Maria Belém
- *Nossa Senhora da Salete: história e novena* – Aparecida Matilde Alves
- *Nossa Senhora das Graças ou Medalha Milagrosa: novena e origem da devoção* – Mario Basacchi
- *Nossa Senhora de Caravaggio: história e novena* – Leomar A. Brustolin e Volmir Comparin
- *Nossa Senhora de Fátima: novena* – Tarcila Tommasi
- *Nossa Senhora de Guadalupe: novena e história das aparições a São Juan Diego* – Maria Belém
- *Nossa Senhora de Nazaré: novena e história* – Maria Belém
- *Nossa Senhora Desatadora dos Nós: história e novena* – Frei Zeca
- *Nossa Senhora do Bom Parto: novena e reflexões bíblicas* – Mario Basacchi
- *Nossa Senhora do Carmo: novena e história* – Maria Belém
- *Nossa Senhora do Desterro: história e novena* – Celina Helena Weschenfelder
- *Nossa Senhora do Perpétuo Socorro: história e novena* – Mario Basacchi
- *Nossa Senhora Rainha da Paz: história e novena* – Celina Helena Weschenfelder
- *Novena à Divina Misericórdia* – Tarcila Tommasi

- *Novena das Rosas: história e novena de Santa Teresinha do Menino Jesus* – Aparecida Matilde Alves
- *Novena em honra ao Senhor Bom Jesus* – José Ricardo Zonta
- *Ofício da Imaculada Conceição: orações, hinos e reflexões* – Cristóvão Dworak
- *Orações do cristão: preces diárias* – Celina Helena Weschenfelder
- *Os Anjos de Deus: novena* – Francisco Catão
- *Padre Pio: novena e história* – Maria Belém
- *Paulo, homem de Deus: novena de São Paulo Apóstolo* – Francisco Catão
- *Reunidos pela força do Espírito Santo: novena de Pentecostes* – Tarcila Tommasi
- *Rosário dos enfermos* – Aparecida Matilde Alves
- *Rosário por uma transformação espiritual e psicológica* – Gustavo E. Jamut
- *Sagrada Face: história, novena e devocionário* – Giovanni Marques Santos
- *Sagrada Família: novena* – Pe. Paulo Saraiva
- *Sant'Ana: novena e história* – Maria Belém
- *Santa Cecília: novena e história* – Frei Zeca
- *Santa Edwiges: novena e biografia* – J. Alves
- *Santa Filomena: história e novena* – Mario Basacchi
- *Santa Gemma Galgani: história e novena* – José Ricardo Zonta
- *Santa Joana d'Arc: novena e biografia* – Francisco de Castro
- *Santa Luzia: novena e biografia* – J. Alves
- *Santa Maria Goretti: história e novena* – José Ricardo Zonta
- *Santa Paulina: novena e biografia* – J. Alves
- *Santa Rita de Cássia: novena e biografia* – J. Alves
- *Santa Teresa de Calcutá: biografia e novena* – Celina Helena Weschenfelder
- *Santa Teresinha do Menino: novena e biografia* – Jesus Mario Basacchi
- *Santo Afonso de Ligório: novena e biografia* – Mario Basacchi
- *Santo Antônio: novena, trezena e responsório* – Mario Basacchi
- *Santo Expedito: novena e dados biográficos* – Francisco Catão
- *Santo Onofre: história e novena* – Tarcila Tommasi
- *São Benedito: novena e biografia* – J. Alves

- *São Bento: história e novena* – Francisco Catão
- *São Brás: história e novena* – Celina Helena Weschenfelder
- *São Cosme e São Damião: biografia e novena* – Mario Basacchi
- *São Cristóvão: história e novena* – Mário José Neto
- *São Francisco de Assis: novena e biografia* – Mario Basacchi
- *São Francisco Xavier: novena e biografia* – Gabriel Guarnieri
- *São Geraldo Majela: novena e biografia* – J. Alves
- *São Guido Maria Conforti: novena e biografia* – Gabriel Guarnieri
- *São José: história e novena* – Aparecida Matilde Alves
- *São Judas Tadeu: história e novena* – Maria Belém
- *São Marcelino Champagnat: novena e biografia* – Ir. Egídio Luiz Setti
- *São Miguel Arcanjo: novena* – Francisco Catão
- *São Pedro, Apóstolo: novena e biografia* – Maria Belém
- *São Peregrino Laziosi* – Tarcila Tommasi
- *São Roque: novena e biografia* – Roseane Gomes Barbosa
- *São Sebastião: novena e biografia* – Mario Basacchi
- *São Tarcísio: novena e biografia* – Frei Zeca
- *São Vito, mártir: história e novena* – Mario Basacchi
- *Senhora da Piedade: setenário das dores de Maria* – Aparecida Matilde Alves
- *Tiago Alberione: novena e biografia* – Maria Belém